Literatur-COMIC DaF
A2/B1

Gottfried Keller

Kleider machen Leute

Alles Digitale zu diesem Buch kann auf der Lernplattform **allango** von Ernst Klett Sprachen abgerufen werden. So geht's:

QR-Code scannen oder **www.allango.net** aufrufen	Buchtitel oder ISBN in der Suche eingeben und auf das Buchcover klicken	Zum Inhalt navigieren, direkt abrufen oder speichern

Zu diesem Buch auf allango verfügbar: **Comic-Video zum Mitlesen und Anhören, Audios zu den Übungen**

Ernst Klett Sprachen
Stuttgart

1. Auflage 1 6 5 4 3 2 | 2028 27 26 25 24

Alle Drucke dieser Auflage sind unverändert und können im Unterricht nebeneinander verwendet werden.
Die letzte Zahl bezeichnet das Jahr des Druckes.
www.klett-sprachen.de

Comic-Strips: Pixelcloud GmbH & Co. KG, Ludwigsburg
Konzeption: Lena Fritschle
Illustration: Marcel Durer
Projektleitung: Jonas Kirchner

Autorin, Textbearbeitung und Didaktisierung: Carina Janas, Wortwelt wunderbunt

Redaktion: Claudia Weichselfelder
Reihenkonzept: Sebastian Weber
Layoutkonzeption: Sabine Kaufmann
Umschlaggestaltung: Sabine Kaufmann
Tonregie und Schnitt: Gunther Pagel, Top 10 Tonstudio, Viernheim
Sprecher und Sprecherin: Christian Birko-Flemming, Markus Schultz, Stefanie Plisch de Vega
Videoproduktion: Jochen Riehm – ATELIER RIEHM – Sindelfingen
Satz: DOPPELPUNKT, Stuttgart
Bild S. 39: Fotolia (orion_eff)
Druck und Bindung: Salzland Druck, Staßfurt

PEFC-zertifiziert
Dieses Produkt stammt aus nachhaltig bewirtschafteten Wäldern und kontrollierten Quellen
PEFC
PEFC/04-31-2251
www.pefc.de

Printed in Germany
ISBN 978-3-12-674253-5

Inhalt

Einleitung

Die Erzählung *Kleider machen Leute* des Schweizer Autors Gottfried Keller gehört zu den bekanntesten Geschichten in deutscher Sprache. Der Text ist eine Novelle und wurde 1874 zum ersten Mal veröffentlicht*. Eine Novelle ist eine kurze Erzählung in Prosaform*. Eine Novelle erzählt von einer neuen Situation, von der man so noch nicht gehört hat.

Kleider machen Leute spielt in den 1830er-Jahren in einem kleinen, fiktiven* Ort in der Schweiz. Es geht es um den jungen Schneider* Wenzel Strapinski. Er ist an einem kalten Novembertag unterwegs, weil er in der nächsten Stadt nach einer neuen Arbeit fragen will. Auf dem Weg trifft Wenzel einen freundlichen Kutscher*, der ihn bis in die kleine Stadt Goldach mitnimmt. Die Leute dort denken, dass Wenzel ein reicher Mann ist, weil er mit einer Kutsche kommt und noch dazu einen schönen Mantel trägt. Wenzel schafft es nicht, das Missverständnis* zu erklären. Wenig später lernt Wenzel Nettchen, eine hübsche junge Frau, kennen und will nicht mehr weg aus Goldach. Ob das gut geht und was dann noch alles passiert, liest du am besten selbst …

Keller wählt als Titel für seine Novelle die Redewendung* „Kleider* machen Leute". Das bedeutet: Viele Leute denken, dass man an der Kleidung einer Person sehen kann, wie eine Person ist. Wenn man wie Wenzel Strapinski gute Kleidung trägt, denken die Leute, man ist reich. Trägt man alte und schmutzige Kleidung, denken die Leute das Gegenteil. Die Redewendung sagt aber auch, dass man sich nicht von der Kleidung und dem, was man direkt sieht, täuschen* lassen soll. Wie eine Person wirklich ist – ob sie freundlich oder böse ist, ob sie anderen hilft oder nur an sich selbst denkt – das kann man nicht am Aussehen erkennen*.

veröffentlichen: hier: ab wann man das Buch kaufen konnte oder ab wann viele Leser / Leserinnen es lesen konnten
Prosa / Prosaform: eine Textform, die in „normalen" Sätzen geschrieben ist; also keine Reime, Verse …
fiktiv: nicht echt; Den Ort gibt es nur in der Geschichte.
der Schneider / die Schneiderin: stellt Kleidung her
der Kutscher / die Kutscherin: Person, die eine Kutsche (= Wagen, den Pferde ziehen; siehe Seite 10, Bild 4) fährt
das Missverständnis: ein Fehler; Man hat etwas falsch verstanden.
die Redewendung: bekannter Satz
die Kleider (Pl.): hier: Kleidungsstücke (z. B. Kleid, Hose, Hut, Hemd, Bluse)
täuschen: Man glaubt etwas, das gar nicht so ist.
erkennen: merken, sehen

Literatur-COMIC

Dieser Comic erzählt die Geschichte *Kleider machen Leute* kurz und witzig. Das heißt: Nicht alle Szenen aus dem Original, aber die wichtigsten Szenen sind dabei. Die Novelle wird durch Bilder und mit Hilfe von kurzen Texten, zum Beispiel in Sprechblasen, erzählt. Wie für einen Comic typisch, gibt es außerdem ein paar lustige Details, die so im Original von Keller nicht stehen. Die Bilder helfen beim Verstehen des Textes. Schwierige Wörter werden am Seitenende erklärt.

Der Comic hat mehrere Teile. Nach jedem Teil kannst du selbst wählen, wie die Geschichte weitergeht: So wie es Gottfried Keller in seiner Novelle erzählt? Oder lieber anders?

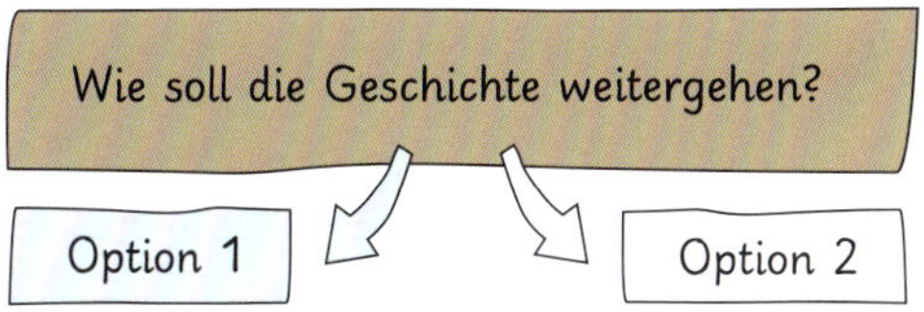

Es gibt auch ein **Comic-Video**: Da kannst du die Geschichte sehen, lesen und hören.

Über Gottfried Keller

Auch Infos zu Gottfried Kellers Leben und seiner Arbeit findest du im Buch.

Worum geht's?

Weiter hinten im Buch kannst du die Geschichte noch einmal in anderen Worten lesen, als **Zusammenfassung*** ohne Comic-Bilder. Außerdem gibt es dort **Übungen zum Lesen und Hören**. Hast du alles gut verstanden? Das kannst du da testen und deine Antworten selbst prüfen. Die **Lösungen** stehen am Ende des Buches.

die Zusammenfassung: die wichtigsten Informationen einer Geschichte als Text

Kleider machen Leute
frei nach Gottfried Keller

der Meister / die Meisterin: So heißen die Chefs und Chefinnen in handwerklichen Berufen.
der Amtsrat / die Amtsrätin: arbeitet für die Stadt und hat eine hohe Position

der Fingerhut: trägt man am Finger, damit er beim Nähen nicht wehtut; siehe Bild 3

anhalten: stoppen, eine Pause machen; hier: nicht weiterfahren
der Herr: ein Mann; hier: mein Chef; auch: eine reiche und wichtige Person
das Gasthaus: ein Restaurant; Hier kann man essen und trinken.
(sich) trauen: etwas machen, auch wenn man Angst hat; sich etwas nicht trauen = etwas nicht machen, weil man Angst hat

Zusammenfassung und Übungen ab Seite 41

Was soll der Wirt tun?
Soll er sich an seine Öffnungszeiten halten? Oder öffnet er sein Gasthaus für den Gast früher?

Das Gasthaus bleibt geschlossen!
Lies weiter auf Seite 12.

Das Gasthaus wird geöffnet!
Lies weiter auf Seite 14.

der Wirt / die Wirtin: Person, der das Gasthaus gehört; hier auch: der Koch

der Knopf: Damit kann man Kleidung „schließen" (z. B. einen Mantel, eine Hose).

●●●
nähen: aus Stoff Kleidung machen; Wenn man etwas näht, hält das zwei Teile zusammen.

der Graf / die Gräfin: ein Titel, ein Teil des Namens; Person mit einer hohen Position; Grafen arbeiteten früher für den König / die Königin und hatten besondere Aufgaben, deshalb waren sie reich und hatten meist schöne Schlösser und viel Land.

der Kerl: leicht negativ für „Mann"
sich bedanken: „Danke" sagen (= der Dank)

vornehm: edel, nobel, fein; wie eine reiche Person sein

Was soll ich tun?
Für das Kartenspiel brauche ich Geld. Ich habe aber gar kein Geld dabei.
Wenn ich bleibe, bekomme ich etwas mehr Zeit und kann eine Lösung finden.
Na gut, spielen wir!
Blöd. Ich habe heute kein Glück mit den Karten.
Aber Wenzel gewinnt jedes Spiel und viel Geld.
Da hatte ich aber Glück. Jetzt muss ich schnell weg.
Da sieht Melchior einen Bekannten.
Guten Tag, Herr Amtsrat!

sich verlieben / verliebt sein: einen anderen Menschen sehr toll finden und ihm nahe sein wollen

Zusammenfassung und Übungen ab Seite 42

Was denken die Leute in Goldach: Warum ist die Kutsche weg?
Denken sie: Wenzel gehört die Kutsche gar nicht und er reist ohne Gepäck, er ist also gar kein Graf? Oder denken sie: Wenzels Kutscher hat die Kutsche und das ganze Gepäck gestohlen*?

Wenzel hat gelogen!
Lies weiter auf Seite 20.

Der Kutscher hat gestohlen!
Lies weiter auf Seite 21.

stehlen / bestehlen: Sachen nehmen, die einem nicht gehören (z. B. Geld, Kleidung, Schmuck)

* **verschwinden:** schnell weggehen; so weggehen, dass es keiner merkt

spielen: hier: so tun, als ob man eine andere Person wäre

der Ball: hier: eine Tanzveranstaltung, zu der man mit schicker Kleidung geht

Zusammenfassung und Übungen ab Seite 45

Was soll Wenzel tun?
Soll er aus Goldach weggehen, damit es nicht noch mehr Probleme gibt? Oder soll er bleiben, um bei seiner großen Liebe Nettchen zu sein?

Weggehen!
Lies weiter auf Seite 24.

Bleiben!
Lies weiter auf Seite 25.

adlig: eine Gruppe von Menschen, die mehr darf und mehr Rechte hat als andere, vor allem früher; Wer adlig war, hatte viel Land. „Graf“ ist ein typischer Titel für Adlige.

verlobt / die Verlobung: Zwei Menschen haben gesagt, dass sie heiraten wollen. Bei einem Fest wird das gefeiert.

der Maskenzug: hier: ein Karnevalsumzug; Die Menschen laufen durch die Straßen, feiern und haben Kostüme an (= sie sehen damit aus wie andere Personen, Tiere, Dinge ...). Das wird oft an Karneval / Fastnacht / Fasching gemacht.
das Kleidungsstück: Kleidung

erkennen: jemanden / etwas sehen und wissen, wer oder was es ist
der Geselle / die Gesellin: Person im Handwerksberuf; Wenn man die Ausbildung fertig hat, ist man Geselle / Gesellin.
untreu: treu = immer bei einer Person bleiben (z.B. Ehepartner / Ehepartnerin, Chef / Chefin); untreu = Partner / Partnerinnen oder Arbeitgeber wechseln und lügen

sich verstecken: dort hingehen, wo keiner einen sieht; sich so setzen / stellen, dass man nicht gesehen wird

Zusammenfassung und Übungen ab Seite 48

Was soll Nettchen tun?
Soll sie mit Melchior gehen und ihm eine Chance geben? Oder soll sie Wenzel suchen, weil sie nur ihn lieben kann?

Melchior!
Lies weiter auf Seite 30.

Wenzel!
Lies weiter auf Seite 31.

„Auf euch!“: ein Trinkspruch; auch: „Auf dich!“ oder „Auf Wenzel / Nettchen / ...!“; Das sagt man, bevor man etwas trinkt. Man wünscht jemandem damit alles Gute / viel Glück / ...
erfrieren: Man stirbt, weil es so kalt ist.

wärmen: warm machen

Du kannst alles später erklären. Jetzt komm erst einmal mit!
Die beiden gehen durch den Schnee bis zu einem Gasthaus in Seldwyla.
Wie konntest du uns so anlügen?!
Liebste, ich wollte das alles nicht. Das ist ein großes Missverständnis. Also, das war so: ...
Und was war mit den anderen Frauen, von denen der Schneidermeister gesprochen hat?
Ich erkläre es dir ja. Also, das war so: ...
Und deshalb musste ich gehen.
Oh, Wenzel. Ich glaube dir! Mir ist egal, was die Leute aus Goldach denken. Ich liebe dich und ich will deine Frau werden.
Komm, wir gehen raus und zeigen den Leuten aus Seldwyla, dass wir noch immer ein Paar sind.

In Seldwyla wird viel erzählt.
... Wenzel ... ... ein Graf ...
... nein, ein Schneider ... ... Tochter des Amtsrats ist weg ...
Lebkuch
Sie hat viel Geld!
Sie soll in Seldwyla bleiben.
Das ist gut für unsere Stadt.
Wir brauchen uns keine Sorgen um das Geld zu machen. Ich bekomme einen großen Teil vom Geld meiner Mutter. Du bist ein sehr guter Schneider. Wir werden ein gutes Leben haben.
Zur gleichen Zeit in Goldach.
Nettchen ist weg! Wenzel hat sie bestimmt geholt und lässt sie nicht mehr gehen! Meine arme Tochter!
Post!
Hier steht, dass man Nettchen in Seldwyla gesehen hat.

In Seldwyla? Wir müssen ihr helfen!
Sofort machen sich der Amtsrat und Melchior auf den Weg nach Seldwyla.
Tschüss!
Tschüss!
Und so kommen alle auf dem Marktplatz in Seldwyla zusammen.
Da ist sie!
Lassen Sie meine Tochter gehen!
WIR – Nettchen und ich – sind jetzt verlobt! Dieser Lügner hat sie einfach mitgenommen!

Zusammenfassung und Übungen ab Seite 51

Was sollen die Leute aus Seldwyla tun?
Helfen sie dem Amtsrat und Melchior dabei, Nettchen zurück nach Goldach zu bringen? Oder helfen sie Nettchen und Wenzel, weil sie denken, dass Nettchen mit ihrem Geld gut für die kleine Stadt ist?

Amtsrat und Melchior!
Lies weiter auf Seite 36.

Nettchen und Wenzel!
Lies weiter auf Seite 38.

Die Leute aus Seldwyla helfen dem Amtsrat und Melchior Böhni. Sie bringen Nettchen zurück zu ihrem Vater.
Lebkuchen
Der Amtsrat will, dass Nettchen Melchior heiratet.
Doch Nettchen packt ihre Koffer ...
... und reist ganz weit weg.

verzweifelt: sehr traurig; Man weiß nicht mehr weiter und sieht keine Lösung für ein Problem.
töten: machen, dass jemand stirbt; das Leben einer anderen Person beenden
der Kerker: Gefängnis; kleiner, dunkler Raum für Gefangene (= Menschen, die etwas falsch gemacht haben); Von hier kann man nicht mehr raus.

Zusammenfassung und Übungen ab Seite 53

Über Gottfried Keller

Gottfried Keller war ein Schweizer Autor und Politiker*. Er lebte von 1819 bis 1890. Am bekanntesten sind seine Erzählungen, die Novellen *Der grüne Heinrich* (1853/1855), *Kleider machen Leute* (1874) und *Romeo und Julia auf dem Dorfe* (1875).

Keller wurde 1819 in Zürich geboren. Weil sein Vater früh starb, ging er erst auf eine Schule für Kinder aus armen Familien, später auf die Realschule und dann auf die Industrieschule. Er lernte gern. Vor allem Deutsch und die Fremdsprachen machten ihm Spaß. Mit 14 Jahren musste er die Schule aber beenden, weil er bei einem Protest der älteren Schüler vor dem Haus eines unbeliebten Lehrers mitgemacht hat. Die älteren sagten, dass Keller die Idee dazu hatte und so bekam nur er eine Strafe*.

Keller durfte jetzt nicht mehr studieren und begann 1834 eine Ausbildung als Landschaftsmaler. Danach zog er nach München und arbeitete dort, aber er verdiente nicht genug Geld. 1843 ging Keller zurück nach Zürich. Er war politisch aktiv und begann mit dem Schreiben von Gedichten und seinem ersten Roman*. Die Schweizer Regierung unterstützte seine Arbeit und Keller bekam Geld für Studienreisen. Damit konnte er in Heidelberg studieren. Keller hatte immer mehr Kontakt mit Personen, die sich für Literatur interessierten, und arbeitete als Autor. Doch viel Geld bekam er dafür immer noch nicht.

1861 wurde Keller zum ersten Staatsschreiber* der Zürcher Kantonsregierung* gewählt. Er arbeitete bis 1875 als Politiker. In dieser Zeit kam er wenig zum Schreiben, so dass er seine politische Karriere beendete und wieder als Autor arbeitete. Zwischen 1877 und

●●●

der Politiker / die Politikerin: Person, die in der Politik (= alles, was die Regierung macht) arbeitet; trifft Entscheidungen über die Situation in einem Land / einer Stadt
die Strafe: bekommt man, wenn man etwas Böses macht; hier: Keller darf nicht zur Schule gehen.
der Roman: schriftliche Erzählung, Buch mit einer Geschichte
der Staatsschreiber / die Staatsschreiberin: Person mit einer wichtigen Position / Aufgabe in der Politik
die Zürcher Kantonsregierung: höchste politische Position im Schweizer Landteil Zürich; sagt, wie es im Land weitergeht

1886 veröffentlichte er einige Romane, Novellen und Gedichte*. Keller starb 1890 mit 70 Jahren nach langer Krankheit.

Kellers Gedichte und Novellen gehören zur Epoche* „Bürgerlicher Realismus" (1848 bis circa 1890). In den Texten dieser Zeit geht es um das Leben der Leute aus dem Bürgertum*, vor allem um soziale Probleme: zum Beispiel, dass adlige Leute mehr durften als andere. In den Texten wird auch neues Wissen über Natur, Technik und Medizin beschrieben. Dabei ist es wichtig, dass alles besonders genau und echt, also realistisch, gezeigt wird.

Obwohl Keller schon einige Texte und Bücher veröffentlicht hatte, konnte er mit dem Schreiben allein nicht genug verdienen, um Wohnung und Essen zu bezahlen. Immer wieder halfen ihm seine Mutter und Schwester und gaben ihm Geld. Erst als Keller 1861 die Arbeit als Staatsschreiber begann, änderte sich das. Jetzt hatte er aber keine Zeit mehr für das Schreiben, auch wenn er das sehr schade fand. Bei der Arbeit für eine Hilfsorganisation für Polen*, lernte Keller viele Personen aus Polen kennen und bekam so die Idee für seine Hauptfigur Wenzel Strapinsky. Auch sein Verlag* fragte nach neuen Texten und so begann Keller circa 1864/65 mit der Arbeit an *Kleider machen Leute*. Veröffentlicht wurde die Novelle aber erst zehn Jahre später in dem Buch *Die Leute von Seldwyla – Band 2*.

das Gedicht: Text in einer besonderen Form; Oft reimen sich die Enden einer Zeile (z. B. Geld – Welt, Buch – Tuch).
die Epoche: eine bestimmte Zeit in der Literatur, in der viele Texte / Bücher mit ähnlichen Themen geschrieben wurden
das Bürgertum: Bürger / Bürgerinnen; Gruppe von Menschen
die Hilfsorganisation für Polen: Polen wollte sich 1830/31 von Russland trennen, das funktionierte aber nicht. Viele Polen und Polinnen sind dann in die Schweiz geflüchtet. Eine Hilfsorganisation kümmerte sich damals um die Menschen, die Hilfe brauchten.
der Verlag: organisiert Herstellung und Druck von Büchern für Autoren / Autorinnen

Worum geht's?

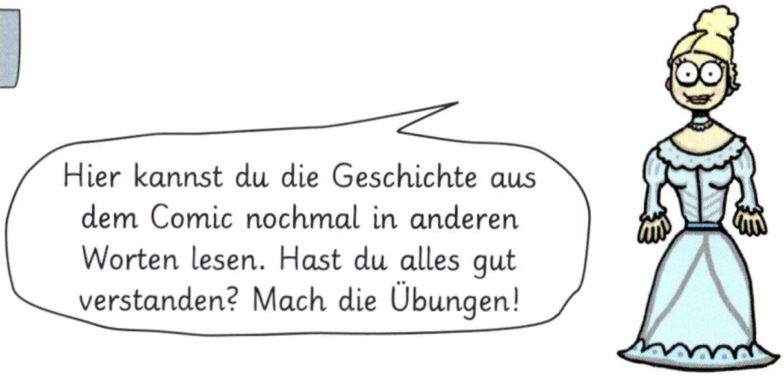

Der junge Schneider Wenzel Strapinski hat in der kleinen Stadt Seldwyla gearbeitet. Doch sein Meister kann ihn nicht mehr bezahlen. Deshalb geht Wenzel an einem Tag im November los und will in der nächsten Stadt eine neue Arbeit suchen. Es ist sehr kalt und Wenzel hat nichts dabei, nur seinen Fingerhut.

Es regnet. Auf der Straße sieht ihn ein Kutscher und bietet Wenzel an, ihn ein Stück mitzunehmen. So kommt Wenzel schnell und bequem in die kleine Stadt Goldach. Der Kutscher bringt Wenzel zum besten Gasthaus der Stadt. Wenzel hat kein Geld. Deshalb kann er dort eigentlich gar nicht essen. Doch er traut sich nicht, das zu sagen.

Der Wirt des Gasthauses sieht die schöne Kutsche und Wenzels guten Mantel. Er denkt, dass nur ein reicher Mann mit so einer Kutsche kommen kann.

1. Wie gehen die Sätze weiter? Verbinde.

1 Wenzel Strapinsky hat	**A** in der nächsten Stadt eine neue Arbeit suchen.
2 Aber sein Meister	**B** Kutscher bis in die nächste Stadt fahren.
3 Wenzel will	**C** als Schneider in Seldwyla gearbeitet.
4 Auf dem Weg trifft er	**D** das zu sagen.
5 Wenzel darf mit dem	**E** und kann eigentlich nicht im Gasthaus essen.
6 Der Kutscher bringt ihn	**F** kann Wenzel nicht mehr bezahlen.
7 Wenzel hat kein Geld dabei	**G** einen Kutscher.
8 Aber er traut sich nicht,	**H** dass Wenzel ein reicher Mann ist.
9 Der Wirt denkt,	**I** zum besten Gasthaus der Stadt.

2. Was passiert auf den Bildern? Höre die Audios A–D und ordne sie den Bildern zu.

Bild 1 – Audio: ☐

Bild 2 – Audio: ☐

Bild 3 – Audio: ☐

Bild 4 – Audio: ☐

Zurück zum Comic auf Seite 11

Eigentlich hat das Gasthaus noch geschlossen. Aber der Wirt hofft, dass er viel Geld durch den reichen Gast bekommen wird. Der Wirt bittet Wenzel also in das Gasthaus und möchte für ihn kochen.

Der Kutscher ist sauer, dass Wenzel nicht einmal „Danke" gesagt hat. Als der Wirt ihn fragt, wie lange sein „Herr" bleiben möchte, erzählt er, dass Wenzel ein „Graf" ist. Das stimmt aber gar nicht. Der Kutscher sagt das nur, weil er sich über Wenzel ärgert. Da ist der Wirt ganz aufgeregt* und kocht sein bestes Essen. Wenzel weiß erst nicht, was er machen soll, aber er hat so großen Hunger, dass er alle Teller leer isst. Er fühlt sich nicht gut damit, aber er traut sich nicht zu sagen, dass er nur ein armer Schneider ist.

Dann kommen Gäste aus der Stadt und der Wirt erzählt ihnen vom Besuch des Grafen Strapinski. Der reiche und beliebte Melchior Böhni fragt, ob Wenzel mit ihm Karten spielen möchte. Erst will Wenzel nicht, weil er kein Geld dabeihat. Für das Kartenspiel braucht er aber Geld. Doch dann spielt Wenzel mit und gewinnt dabei sogar so viel Geld, dass er für das Essen bezahlen kann. Jetzt will er schnell gehen, damit es nicht noch mehr Missverständnisse gibt. Doch da kommen der Amtsrat und seine hübsche Tochter Nettchen in das Gasthaus. Wenzel und Nettchen verlieben sich sofort. Deswegen bleibt Wenzel bis zum Abendessen.

Melchior merkt, dass der Graf gar kein Gepäck dabeihat und fragt den Wirt danach. Der Wirt sieht nach, aber der Kutscher ist schon weg.

3. Wie geht die Geschichte bei Keller weiter? Kreuze das richtige Bild an.

☐ Das Gasthaus hat geschlossen. Wenzel fährt mit dem Kutscher in die nächste Stadt.

☐ Der Wirt öffnet sein Gasthaus früher und Wenzel kann dort essen.

aufgeregt: nervös; hier: Er freut sich und will alles besonders gut machen.

4. **Was stimmt (✓), was stimmt nicht (✗)? Kreuze an.**

		✓	✗
1	Der Wirt öffnet das Gasthaus, weil er hofft, dass Wenzel gut zahlt.	☐	☐
2	Wenzel erklärt, dass er kein Geld dabeihat.	☐	☐
3	Der Kutscher sagt, dass Wenzel ein reicher Schneidermeister ist.	☐	☐
4	Wenzel hat so großen Hunger, dass er alle Teller leer isst.	☐	☐
5	Der Wirt erzählt den anderen Gästen, dass Wenzel ein Graf ist.	☐	☐
6	Melchior will mit Wenzel zusammen essen.	☐	☐
7	Beim Kartenspielen gewinnt Wenzel und bekommt so viel Geld.	☐	☐

5. **Was passiert zuerst? Höre und bringe die Audios A–D in die richtige Reihenfolge.**

1 Audio: ☐ **2** Audio: ☐ **3** Audio: ☐ **4** Audio: ☐

6. **Was passiert auf den Bildern? Ordne die Sätze A–H den Bildern 1–8 zu.**

A Der Wirt sieht, dass die Kutsche weg ist.

B Wenzel trifft Nettchen. Sie verlieben sich sofort.

C Wenzel gewinnt Geld beim Kartenspiel mit Melchior.

D Der Wirt bittet Wenzel ins Gasthaus. Wenzel kann gar nichts sagen.

E Der Kutscher sagt dem Wirt, dass Wenzel ein Graf ist.

F Gerade als Wenzel gehen will, kommen Bekannte von Melchior.

G Der Kutscher ist sauer, weil Wenzel nicht „Danke" gesagt hat.

H Wenzel hat alle Teller leer gegessen. Aber er fühlt sich nicht gut damit.

☐

☐

Zurück zum Comic auf Seite 19

Die Leute in Goldach denken, dass der Kutscher den Grafen bestohlen hat. Sie helfen Wenzel und geben ihm alles, was er brauchen könnte. Weil Wenzel unbedingt bei Nettchen sein will, bleibt er in Goldach. Dazu spielt Wenzel weiter den Grafen, auch wenn er das eigentlich gar nicht gut findet. Doch dann merkt Wenzel, dass er nicht weiter lügen kann. Er will Nettchen die wahre Geschichte erzählen und das Missverständnis erklären. Aber er hat Angst, dass sie ihn dann nicht mehr lieben wird.

Am Abend spielt Wenzel wieder mit Melchior Karten und auch dieses Mal gewinnt er viel Geld. So kann er alle Rechnungen in Goldach bezahlen und ohne Ärger in die nächste Stadt gehen, denkt er.

Als Wenzel sich am nächsten Abend auf einem Ball verabschieden* will, weint Nettchen sehr. Sie will nicht, dass Wenzel weggeht.

7. Wie geht die Geschichte weiter? Ergänze den Text.

Hemd | Kutscher | Goldach | denken | helfen | Uhr

Nettchen | Wenzel | lügen | mag | Grafen | gut

Die Leute in **(1)** ________ denken, dass der **(2)** ________ den Grafen bestohlen hat. Sie **(3)** ________ Wenzel und geben ihm alles, was man braucht: ein **(4)** ________, einen neuen Mantel, eine **(5)** ________ und vieles mehr. Wenzel bleibt in Goldach und alle **(6)** ________ weiter, dass er ein Graf ist. Wenzel fühlt sich nicht **(7)** ________ damit, aber er will bei **(8)** ________ bleiben. Und das geht nur, wenn er weiter den **(9)** ________ spielt. Doch dann will **(10)** ________ nicht mehr **(11)** ________ und Nettchen alles erzählen. Aber er hat Angst, dass sie ihn dann nicht mehr **(12)** ________.

8. Wer sagt oder denkt was? Ordne die Audios A–G den Figuren zu.

Die Leute aus Goldach

Audio: ☐

Wenzel

Audio: ☐ ☐ ☐

Nettchen

Audio: ☐ ☐

Melchior

Audio: ☐

sich verabschieden: „Tschüss" / „Auf Wiedersehen" sagen

9. **Suche die Bilder im Comic und notiere, was vor und nach der Situation auf dem Bild passiert.**

A Wenzel sagt auf dem Ball, dass er aus Goldach weggehen will.

B Wenzel will mit Nettchen reden und ihr die wahre Geschichte erzählen.

C Die Leute aus Goldach geben Wenzel Sachen: Kleidung, eine Uhr …

D Wenzel weiß nicht, ob er gehen oder bleiben soll.

E Wenzel gewinnt beim Kartenspiel und kann mit dem Geld seine Rechnungen bezahlen.

F Die Leute in Goldach denken, dass der Kutscher Wenzel bestohlen hat.

Vor der Situation:

Nach der Situation:

Zurück zum Comic auf Seite 23

Wenzel sagt, dass er in Goldach bleibt, aber nur wenn er Nettchen heiraten darf. Weil der Amtsrat noch immer denkt, dass Wenzel ein Graf ist, erlaubt er es.

Im Originaltext von Keller läuft Nettchen weg und Wenzel findet sie später im Garten. Wenzel tröstet* Nettchen und die beiden kommen sich sehr nahe. Diese gemeinsame Zeit zeigt Wenzel, dass er Nettchen heiraten muss, und er bittet Nettchens Vater, den Amtsrat, um Erlaubnis.

Am nächsten Abend feiern Nettchen und Wenzel ihre Verlobung im Gasthaus. Doch dann hören sie draußen laute Musik: Ein Maskenzug geht durch die Straßen. Der Schneidermeister aus Seldwyla zeigt seine neusten Kleidungsstücke. Der Amtsrat ist so glücklich über die Verlobung seiner Tochter mit einem Grafen, dass er alle vom Maskenzug zur Feier ins Gasthaus einlädt. Als der Schneidermeister aus Seldwyla das glückliche Paar sieht, erkennt er Wenzel sofort. Er ist sauer, dass sein früherer Schneidergeselle gegangen ist, als er ihn nicht mehr bezahlen konnte, und erzählt das allen. Außerdem sagt er, dass Wenzel auch bei den Frauen aus Seldwyla untreu war.

In Kellers Novelle wird der Titel „Kleider machen Leute" in der Maskenzug-Szene besonders deutlich gemacht. Die Leute aus Seldwyla tragen Schilder mit den Sätzen „Leute machen Kleider – Kleider machen Leute". Dazu zeigen sie ein kleines Theaterstück: Erst sind die Menschen klein und schwach. Dann arbeiten die Schneider an schöner, teurer Kleidung. Die Menschen ziehen diese Kleidung an und werden groß, stolz* und reich. Auch Wenzels Geschichte wird in so einem Theaterstück erzählt: Eine Person sieht aus wie der arme Wenzel, als er aus Seldwyla weggegangen ist. Er arbeitet an einem schönen Mantel für einen Grafen und zieht diesen selbst an. Jetzt denken alle, dass er wirklich ein

trösten: für jemanden da sein; einer traurigen Person zuhören und ihr sagen, dass alles wieder gut wird
stolz: Man ist mit der eigenen Arbeit zufrieden und findet sehr gut, was man selbst gemacht hat.

Graf ist. Durch dieses Stück erkennen die Leute in Goldach, dass „ihr" Graf Strapinski gelogen hat und eigentlich gar kein Graf ist.

Nettchen kann nicht glauben, was sie über ihren geliebten Wenzel hört. Auch die Leute aus Goldach sind sauer und wollen Wenzel nicht mehr in ihrer Stadt haben. Wenzel geht weg und merkt nicht, dass er auf der Straße nach Seldwyla ist. Dann kommt der Maskenzug wieder an ihm vorbei und Wenzel versteckt sich schnell im Schnee. Er bleibt dort liegen und schläft ein.

In Goldach sind die Leute sehr sauer auf Wenzel, nur Nettchen ist traurig. Melchior sieht seine Chance und will sich um sie kümmern. Nettchens Verlobter ist weg, jetzt will ER sie heiraten.

10. Wie geht die Geschichte bei Keller weiter? Höre die Audios A–C und kreuze das richtige Audio an.

Audio **A** ☐ Audio **B** ☐ Audio **C** ☐

11. In jedem Satz ist ein Fehler. Streiche die falschen Wörter durch und schreibe die richtigen Wörter hinter den Satz.

1 Wenzel und Nettchen feiern ~~ihren Geburtstag~~ im Wirtshaus.	ihre Verlobung
2 Dann hören sie die Musik von einem Konzert.	
3 Der Schneidermeister aus Seldwyla zeigt seine ältesten Kleidungsstücke.	
4 Wenzel lädt alle zur Verlobungsfeier ein.	
5 Der Schneidermeister erkennt Nettchen sofort.	
6 Er erzählt allen, dass Wenzel gar kein Schneider ist.	
7 Die Leute aus Seldwyla sind sauer auf Wenzel.	

12. Wer macht was? Verbinde.

→ Tipp: Manche Antworten passen mehr als einmal.

1 Nettchen	**A** sind sauer auf Wenzel.
	B ist sehr traurig.
	C will sich um Nettchen kümmern.
2 Wenzel	**D** versteckt sich im Schnee.
	E kann die Geschichte erst nicht glauben.
3 Die Leute in Goldach	**F** verlässt Goldach.
	G wollen Wenzel nicht mehr in ihrer Stadt haben.
	H will Nettchen heiraten.
4 Melchior	**I** schläft ein.

13. Was passiert zuerst? Bringe die Bilder A–G in die richtige Reihenfolge.

Zurück zum Comic auf Seite 29

Doch Nettchen will Melchior nicht heiraten. Sie geht los und sucht Wenzel. Nach einiger Zeit findet sie ihn im Schnee. Er ist sehr kalt. Sie bringt ihn in ein Gasthaus nach Seldwyla. Dort erklärt Wenzel ihr das große Missverständnis. Nettchen verzeiht* ihrem Wenzel und will das auch allen zeigen. Denn sie liebt ihn und ihr ist egal, was die anderen Leute sagen.

In der Stadt wird viel erzählt: dass Wenzel gar kein Graf ist ... dass die Tochter des Goldacher Amtsrats verschwunden ist ... und dass sie viel Geld hat. Das erzählt Nettchen auch Wenzel: Ihre Mutter hatte viel Geld. Das Geld bekommt Nettchen, wenn sie heiratet. Und weil Wenzel ein guter Schneider ist, werden sie sicher genug Geld zum Leben haben.

In Goldach macht sich der Amtsrat Sorgen um seine Tochter. Er kann sie nirgends finden. Der Amtsrat denkt, dass Wenzel Nettchen mitgenommen hat und nicht mehr gehen lässt. Als der Amtsrat hört, dass Nettchen in Seldwyla sein soll, macht er sich sofort auf den Weg. Melchior, der Nettchen immer noch heiraten will, kommt auch mit.

Der Amtsrat und Melchior finden Wenzel und Nettchen auf dem Marktplatz von Seldwyla. Sie wollen, dass Nettchen mit ihnen zurück nach Goldach kommt.

14. Wie geht die Geschichte weiter? Beantworte die Fragen.

1 Was macht Nettchen, als Wenzel weg ist?
- **A** Sie ist traurig und weint.
- **B** Sie heiratet Melchior.
- **C** Sie geht los und sucht Wenzel.
- **D** Sie schreibt einen Brief an Wenzel.

2 Was passiert mit Wenzel?
- **A** Er stirbt im Schnee.
- **B** Nettchen findet ihn im Schnee.
- **C** Die Leute aus Seldwyla finden ihn.
- **D** Melchior findet ihn im Schnee.

verzeihen: wenn alles wieder gut ist; Man versteht, warum eine andere Person etwas gemacht hat, und ist nicht mehr böse auf sie.

3 Wohin gehen Wenzel und Nettchen?
- **A** In ein Gasthaus in Seldwyla.
- **B** In ein anderes Land.
- **C** In ein Gasthaus in Goldach.
- **D** Nach Hause.

4 Was macht Nettchen, als Wenzel die wahre Geschichte erzählt?
- **A** Sie ist sauer und verlässt ihn.
- **B** Sie verzeiht ihm und will weiter mit ihm zusammen sein.
- **C** Sie verzeiht ihm, kann aber nicht mehr mit ihm zusammen sein.

15. Was stimmt (✔), was stimmt nicht (✘)? Kreuze an.

		✔	✘
1	Wenzel ist ein Graf.	☐	☐
2	Nettchen erzählt Wenzel, dass sie viel Geld bekommt.	☐	☐
3	Der Amtsrat will, dass Nettchen und Wenzel heiraten.	☐	☐
4	Nettchen macht sich keine Sorgen über ihr Leben mit Wenzel.	☐	☐
5	Der Amtsrat denkt, dass Wenzel Nettchen nicht mehr gehen lässt.	☐	☐
6	Der Amtsrat hört, dass Nettchen in Goldach ist.	☐	☐
7	Der Amtsrat und Melchior machen sich auf den Weg nach Seldwyla.	☐	☐

16. Was passiert auf den Bildern? Höre die Audios A–D und ordne sie den Bildern zu.

Audio: ☐

Audio: ☐

Audio: ☐

Audio: ☐

Zurück zum Comic auf Seite 35

Doch Nettchen will nicht mit ihrem Vater zurück nach Goldach gehen und die Leute aus Seldwyla helfen ihr. Sie lassen die Männer aus Goldach nicht zu dem jungen Paar.

Wenig später heiraten Wenzel und Nettchen in Seldwyla. Sie arbeiten viel und bekommen viele Kinder. Erst lebt die junge Familie in Seldwyla, doch Jahre später gehen sie wieder zurück nach Goldach und sind dort eine beliebte und reiche Familie.

17. Wer macht was? Verbinde.

→ Tipp: Manche Antworten passen mehr als einmal.

1 Nettchen

2 Die Leute aus Seldwyla

3 Wenzel

4 Nettchen und Wenzel

A helfen Nettchen und Wenzel.

B gehen Jahre später nach Goldach.

C heiraten.

D will Melchior nicht heiraten.

E sind beliebt in Goldach.

F arbeitet als Schneider.

G will nicht mit ihrem Vater zurück nach Goldach.

H bekommen viele Kinder.

18. **Höre die Audios A–C und ergänze die fehlenden Wörter in den Sätzen.**

Audio **A**

Audio **B**

Audio **C**

19. Ergänze die Sätze und löse das Kreuzworträtsel.

1 Wenzel Strapinsky ist ... von Beruf.
2 Er kommt mit einer ... nach Goldach.
3 Der ... öffnet sein Gasthaus für Wenzel.
4 Der Kutscher sagt, dass Wenzel ein ... ist.
5 Wenzel spielt mit Melchior ... .
6 Wenzel und Nettchen ... sich sofort.
7 Der Schneidermeister ... allen, dass Wenzel gar kein Graf ist.
8 Nettchen findet Wenzel im ... .
9 Der ... will, dass Nettchen zurück nach Goldach geht.
10 Nettchen und Wenzel ... .

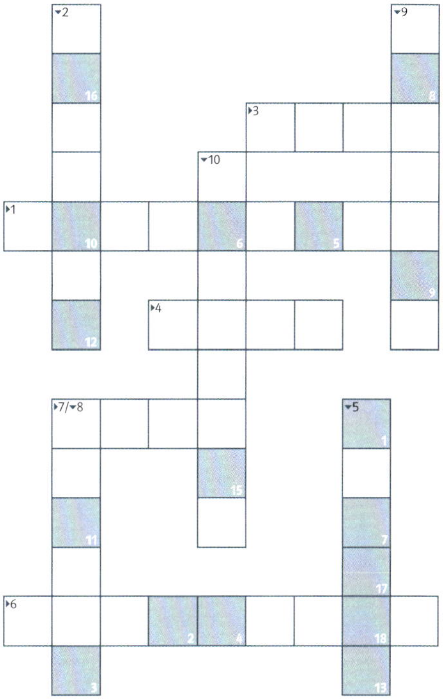

Lösung: L

20. Wie hat dir die Geschichte gefallen? Nutze die Redemittel und ergänze mindestens drei Sätze.

- Mir gefällt, dass …
- Ich finde interessant / schön / schade, dass …
- Es überrascht mich, dass …
- Früher dachte ich … Jetzt denke ich, dass …
- In Zukunft will ich …
- Mir ist wichtig geworden, dass …
- Ich kann gut verstehen, dass …
- Ich frage mich …

Lösungen

1. **1** C, **2** F, **3** A, **4** G, **5** B, **6** I, **7** E, **8** D, **9** H
2. **1** D, **2** C, **3** A, **4** B
3. **richtig:** B
4. **stimmt:** 1, 4, 5, 7; **stimmt nicht:** 2, 3, 6
5. **1** C, **2** A, **3** D, **4** B
6. **1** D, **2** G, **3** E, **4** H, **5** C, **6** F, **7** B, **8** A
7. **(1)** Goldach, **(2)** Kutscher, **(3)** helfen, **(4)** Hemd, **(5)** Uhr, **(6)** denken, **(7)** gut, **(8)** Nettchen, **(9)** Grafen, **(10)** Wenzel, **(11)** lügen, **(12)** mag
8. **Die Leute aus Goldach:** F; **Wenzel:** A, C, G; **Nettchen:** B, E; **Melchior:** D
9. **1 Vor:** F, **Nach:** C; **2 Vor:** B, **Nach:** E; **3 Vor:** A, **Nach:** D
10. **richtig:** C
11. **2** ~~Konzert~~ / Maskenzug, **3** ~~ältesten~~ / neusten, **4** ~~Wenzel~~ / Der Amtsrat, **5** ~~Nettchen~~ / Wenzel, **6** ~~Schneider~~ / Graf, **7** ~~Seldwyla~~ / Goldach
12. **1** B, E; **2** D, F, H, I; **3** A, G; **4** C, H
13. E, D, G, C, B, A, F
14. **1** C, **2** B, **3** A, **4** B
15. **stimmt:** 2, 4, 5, 7; **stimmt nicht:** 1, 3, 6
16. **1** C, **2** A, **3** D, **4** B
17. **1** D, G; **2** A; **3** F; **4** B, C, E, H
18. **1** Leute, helfen; **2** glückliche, heiraten, Zeit; **3** arbeiten, Kinder, Jahre, Familie, beliebte, reiche
19. **1** SCHNEIDER, **2** KUTSCHE, **3** WIRT, **4** GRAF, **5** KARTEN, **6** VERLIEBEN, **7** SAGT, **8** SCHNEE, **9** AMTSRAT, **10** HEIRATEN; **Lösung:** KLEIDER MACHEN LEUTE
20. *Individuelle Lösung*